Brasil
Um mosaico de culturas
Cordel

Coleção **Narrando o Brasil**

Coordenação: Antonio Iraildo Alves de Brito

- *Brasil: Um mosaico de culturas*, Nezite Alencar
- *Causos do Sul: Mentiras que são pura verdade*, Lisana Teresinha Bertussi (org.)
- *Só contado, que visto não se acredita*, Sebastião Amoedo
- *Um certo dito: caipira*, Elinaldo Meira

Nezite Alencar

Brasil
Um mosaico de culturas
Cordel

Ilustrações: Elinaldo Meira

PAULUS

Coordenação editorial: *Iranildo Alves de Brito*
Coordenação de revisão: *Tiago José Risi Leme*
Capa: *Marcelo Campanhã*
Imagens da capa e miolo: *Elinaldo Meira*
Editoração, impressão e acabamento: PAULUS

Dados Internacionais de Catalogação na Publicação (CIP)
(Câmara Brasileira do Livro, SP, Brasil)

Alencar, Nezite
  Brasil: um mosaico de culturas / Nezite Alencar; ilustrações Elinaldo Meira. –
São Paulo: Paulus, 2016. Coleção Narrando o Brasil.

  ISBN 978-85-349-4262-1

  1. Brasil - Cultura 2. Folclore - Brasil 3. Literatura de cordel - Brasil I. Meira, Elinaldo. II. Título.

16-05297   CDD-398.20981

Índice para catálogo sistemático:
1. Brasil: Literatura de cordel: Folclore 398.20981

Seja um leitor preferencial **PAULUS**.

Cadastre-se e receba informações sobre nossos lançamentos e nossas promoções: **paulus.com.br/cadastro**

Televendas: (11) 3789-4000 / 0800 16 40 11

1ª edição, 2016

© PAULUS – 2016

Rua Francisco Cruz, 229 • 04117-091 – São Paulo (Brasil)
Tel.: (11) 5087-3700 • Fax: (11) 5579-3627
paulus.com.br • editorial@paulus.com.br

ISBN 978-85-349-4262-1

— Sumário —

1. Começo de conversa 7
2. Os donos da terra 11
3. Confronto de civilizações 19
4. E trouxeram o africano 35
5. Vieram novos imigrantes! 49
6. Um mosaico de culturas 54
   - 6.1. A zona canavieira 55
   - 6.2. À sombra da floresta 63
   - 6.3. Na beira do mar 70
   - 6.4. O grande sertão 73
   - 6.5. Bandeirantes e caipiras 82
   - 6.6. O grande Pantanal 87
   - 6.7. Ao sabor do chimarrão 91
7. Concluindo 98

Bibliografia 100

Artigos e textos 102

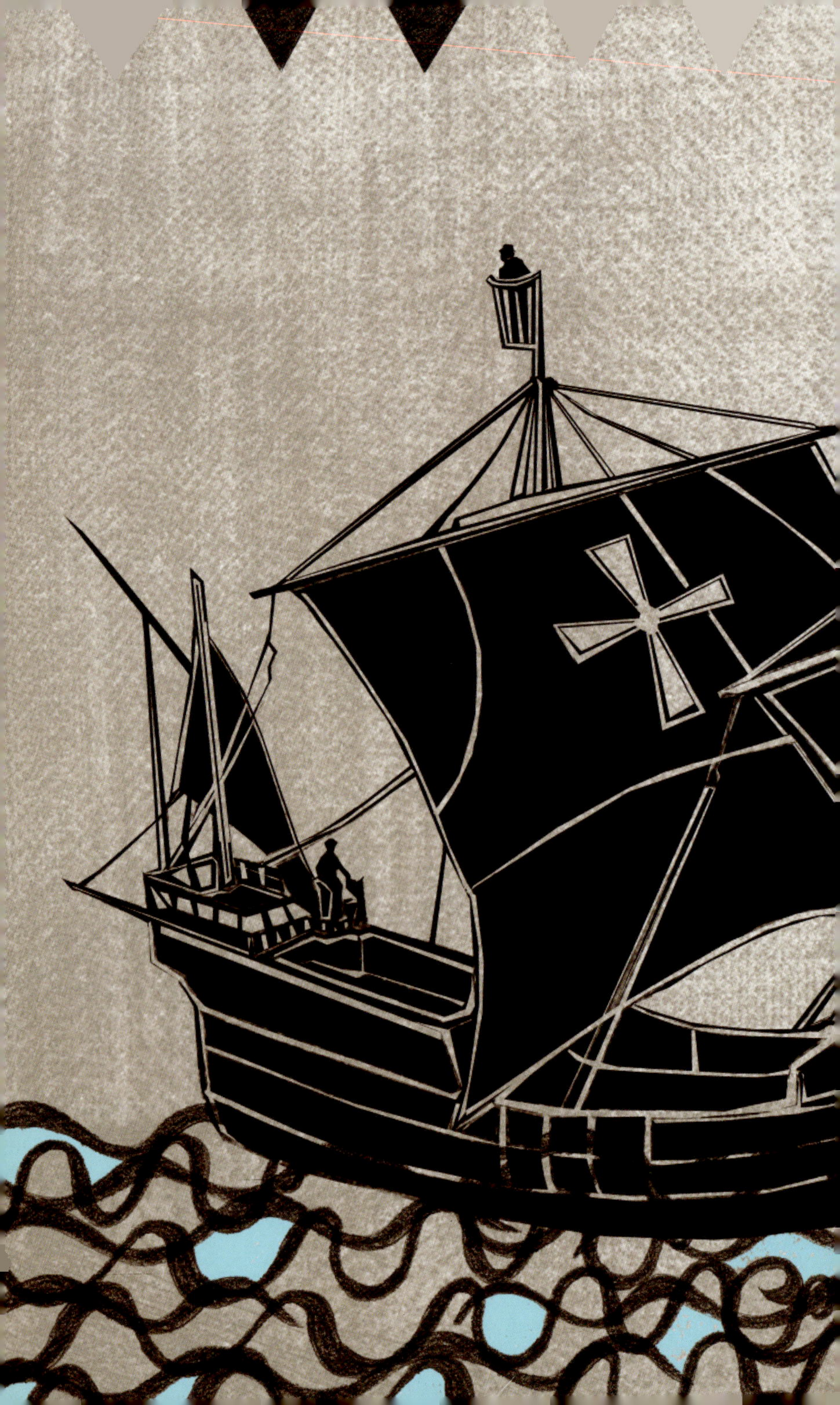

1
— Começo de conversa —

Quando a terra foi achada
Por um povo aventureiro,
Foi invadida, explorada,
Violada por inteiro,
Mas do entrechoque gritante
Surgiu como resultante
Este povo brasileiro!

Deste "mulato inzoneiro"
As matrizes foram três:
Depois do fatal encontro
Do invasor português
Com o silvícola veterano,
Também veio o africano,
Escravo por sua vez.

Foi assim que aqui se fez
A mais incrível mistura
De cor, de raça e de costumes;
Mesclada é nossa cultura,
Cada um com sua história
Vai construindo memória,
Fortalecendo estrutura.

O povo de pele escura
Trouxe a marca da alegria;
Do Velho Mundo nos veio
Uma desmedida energia;
Os da Terra, todo encanto,
Irreverência e quebranto
Que aos nossos diferencia.

Existe certa magia
No nosso modo de ser,
Marca de todas as gentes
Que aqui passaram a viver,
Com seus dons e seus saberes,
Suas lutas, seus sofreres,
Pra mistura enriquecer.

Ao Nordeste veio ter
O invasor holandês;
Na ilha de São Luís,
Desembarcou o francês;
Alemães e italianos,
Que aqui já veteranos,
Misturam-se ao japonês.

As matrizes que eram três
Em dezenas se tornaram,
As mais diversas culturas
No Brasil se misturaram,
Com espantosa harmonia,
Como em bela alegoria,
As nossas cores mesclaram!

2
— Os donos da terra —

Tinha acobreada tez
A gente que aqui se via,
Pela beleza das formas
De outras se distinguia,
Corpos nus quase dourados,
Olhos negros bem rasgados,
Nos traços toda harmonia.

Só o povo que vivia
Ao longo do litoral,
Chamado povo tupi
E com divisão tribal,
Somava em população
Mais do que teria então
O reino de Portugal.

Na escala cultural
Já havia evolução,
Porque na agricultura
Faziam a revolução,
Pois já mantinham roçado,
Tendo plantas retirado
Da selvagem condição.

Cultivavam o algodão,
Mandioca e caroá,
Milho, feijão e tabaco,
Batata-doce e cará,
Cabaça, cuia, urucu,
Pequi, mamão e caju,
Erva-mate e guaraná.

Nessa lista não está
A grande variedade
De frutas e condimentos,
De fartura, na verdade,
Já superavam a carência,
Escassez e dependência
Da estacionalidade.

Mas essa estabilidade
Era apenas parcial,
Porque para caça e pesca
Dependiam do local;
Sítios privilegiados,
Onde viviam aldeados,
Sempre em condição tribal.

Distante do litoral
Para onde fora empurrado,
Vivia o povo tapuia
Do tupi hostilizado,
Mas esse mesmo tupi
Não conseguia entre si
Um governo unificado.

Em tribos organizado,
Devagar evoluía,
E cada unidade étnica
Ao crescer se dividia;
Na disputa pela terra,
O povo tupi em guerra
Constantemente vivia.

Mesmo a antropofagia
Também era intertribal
E tinha entre os tupis
Um caráter cultural:
Só guerreiro valoroso,
Muito altivo e corajoso,
Servia ao ritual.

Era consenso geral,
Todo tupi aprendia:
Se feito prisioneiro,
Covarde não se comia,
Mas já um guerreiro bravo
Ninguém o fazia escravo,
Visto que pouco rendia.

Ainda uma crença havia
Sobre o inimigo de porte,
Que ao cair prisioneiro
Era condenado à morte:
Quem sua carne comia
Com certeza adquiria
A bravura desse forte.

O ritual era um corte
Em toda aquela alegria;
Ao condenado uma esposa
Davam para companhia,
E a provisória consorte,
Na hora da sua morte,
Lágrimas sentidas vertia.

Se o povo não se unia,
Era difícil lutar
Contra o inimigo novo,
Surgido de além-mar;
Por conta das divisões,
Poucas confederações
Conseguiram organizar.

A que deu o que falar
"Dos tamoios" foi chamada,
Aliados aos franceses;
Reuniu numa empreitada
carijós, tupinambás,
aimorés e goitacás,
Numa luta encarniçada.

Mas os chefes dessa alçada
Não eram tupis nem gês,
Que ali estavam atiçados
Pelo invasor francês;
E, em combate acirrado,
Brigava do outro lado
O opressor português.

E a peleja se fez
Com o índio aliciado
Sob o comando europeu
De um e de outro lado,
Sem perceber que, na guerra,
Era o destino da terra
Que estava sendo jogado.

O conflito terminado,
Os portugueses venceram,
Mas paz com estes, os índios
Jamais estabeleceram;
Em cada palmo conquistado,
Esforço continuado
Os lusos desenvolveram.

Grande extermínio sofreram
Os índios na resistência,
Da crueldade dos brancos
Tomaram então consciência;
Pra quem escapou com vida,
Começaria em seguida
Uma dramática existência.

3
— Confronto de civilizações —

Com toda a sua inclemência,
O enfrentamento se deu,
Pois passado pouco tempo
O índio se apercebeu
De que a concepção do branco
Como bom, leal e franco
Era um grande engano seu.

A chegada do europeu
Fora uma grande surpresa:
Pois viu saindo do mar
Povos fétidos, sem beleza,
Porém teve a esperança
De que só traziam bonança,
Eram dom da natureza.

Na sua ingênua pureza,
Olha o índio admirado,
Aquela gente esquisita
Que do mar tinha chegado,
Achando que os estrangeiros
Fossem sábios mensageiros
Que Tupã tinha mandado.

E o povo esfarrapado
Continuava a chegar,
Barbudo, sujo e fedido,
De muitos meses no mar,
Para o nativo diferente,
Limpo, robusto, inocente,
Não se cansava de olhar.

Mas só podia enxergar,
Na sua grande ambição,
Ganhos em ouro e glórias,
Almas pra religião,
Com missão sacramentada,
E pelo rei aprovada,
Procedeu-se a expedição.

Já bem diversa visão
Tinham os índios do seu mundo:
Para eles se abria
Da terra o seio fecundo,
Com frutos, aves e peixes,
Mel e raízes aos feixes,
Águas do rio profundo.

A floresta tinha ao fundo
Caça rica e abundante;
Na cuia não lhes faltava
Nunca o *cauim* espumante;
Em tempo de paz ou guerra,
As dádivas boas da terra
Vinham de forma constante.

Do sol a luz deslumbrante,
Cores novas todo dia,
Seus olhos bons de olhar
Da mata toda harmonia,
Narizes para cheirar,
Ouvidos para escutar
Dos sons toda sinfonia.

E mil motivos havia
Para da vida gostar:
A natureza lhes dera
Excelente paladar,
Um espírito vigoroso,
Corpo são e primoroso
Pra correr, dançar, amar.

Se viviam a guerrear,
Não era por ambição,
Pois a luta era pra eles
Saudável competição;
A terra era dom de Deus,
Que pra todos os filhos seus
Tinha tudo em profusão.

Diversa concepção
Tinham os recém-chegados,
Homens duros e sofridos,
Cientes dos seus pecados,
Mas que, de tanta crueza,
Com glórias, bens e riqueza,
Queriam ser compensados.

Os índios admirados
Da sua sofreguidão
Custavam a entender
Dos brancos tanta aflição:
Se atrás de bens tanto correm,
Será que eles não morrem
Pra ter tamanha ambição?

Dava sua opinião
Também o luso intrigado,
Aquele povo bonito
De porte tão bem formado,
Gente que "não trabalhava",
De alguma forma estava
À escassez condenado.

E o índio desconfiado
Não podia imaginar
Quão ávida e ambiciosa
Era a gente de além-mar;
E viu no seu desatino
Por triste e fatal destino,
O seu mundo desabar.

Deixaram-se então ficar
Em suas redes deitados,
Para morrer de tristeza,
Por seus valores negados,
Adulterados, cativos,
Sentindo-se mortos-vivos,
Por seu Deus abandonados.

E fugia, horrorizado,
O que ainda podia,
Procurando mata adentro,
Longe daquela agonia,
Escapar do desalento,
Do convívio pestilento
Que o branco oferecia.

E tudo se confundia
Perante o índio atordoado:
A cristandade pra ele
Trouxe o mundo do pecado,
Da mentira e falsidade,
Da culpa, da enfermidade,
De que se viu vitimado.

Pois de modo inesperado,
Inexorável e doído,
Os homens do mar trouxeram,
Ao índio desprevenido,
Males aos quais resistência,
Ao longo da existência,
Haviam desenvolvido.

Foi o índio acometido
De muitas pestes mortais:
Tuberculose, sarampo,
Coqueluche e outras mais;
Numa guerra etnocida,
Doenças tiram-lhe a vida,
Todas elas são letais.

Chegou a números brutais
O extermínio fatal,
Assim caiu sobre o índio
De forma descomunal,
Um sofrimento profundo
Como nunca, no seu mundo,
Tinha imaginado igual.

E de todo o litoral
Foi o índio escorraçado,
Quem escapou das doenças
Foi na guerra exterminado;
Se com garra e valentia
Ao invasor resistia,
Ia sendo escravizado.

O índio, embora aviltado
Na sua nova existência,
Procurou facilitar
Ao branco a sobrevivência.
Por via do cunhadismo,
Foi aplainando o abismo
Na difícil convivência.

E com toda paciência,
No mundo estranho e hostil,
Foi o branco introduzido,
Mesmo de forma sutil,
Nos segredos da floresta,
Abertura manifesta
Para o futuro Brasil.

A índia meiga e gentil
Fez-se esposa e companheira,
Partilhando no convívio
Os dotes de cozinheira;
De forma gregária,
Trouxe vasta culinária
Pra cozinha brasileira.

Introdução pioneira
Do milho e da mandioca,
Eram as índias que faziam
A farinha e a paçoca,
A pamonha apetitosa,
A moqueca mais gostosa,
O beiju ou tapioca.

E para a lida da oca,
Os utensílios fazia;
Trabalhava o algodão
E lindas redes tecia;
Esteiras, urus e jarro,
Pote e panelas de barro
Tinham grande serventia.

Da madeira se esculpia
A canoa pra pescar,
Os esteios da cabana,
O banco para sentar,
Também faziam o pilão,
O arco, a flecha, o arpão,
As armas pra guerrear.

Da cultura elementar
Foi o índio o instrumento,
Ensinou belos folguedos
Pra nosso divertimento:
Do pífano a confecção,
Das caixas de percussão,
Foi dele o ensinamento.

Quase todo alimento
O índio é que produzia;
Do branco as índias formosas
Foram a doce companhia,
Pelos seus ventres fecundos,
Aqui nos distantes mundos
A população crescia.

O encontro se daria
Em grande disparidade,
Com duros enfrentamentos,
Escravidão, mortandade;
Mas da fusão veio o novo:
Um autêntico e forte povo,
Nação pra posteridade.

Não há uniformidade,
Porém, na nova etnia,
Pois as paisagens humanas
Dependem da ecologia,
Das formas de produção,
Também a imigração
Aos povos diferencia.

E assim se propicia
A este novo povo agreste
Diversos modos de ser:
São *caipiras* do Sudeste,
Bravos *caboclos* do Norte,
No Sul, o *gaúcho* forte
Sertanejo no Nordeste.

De grandeza se reveste
A integração cultural,
Formando comunidade
No plano nacional,
Sem barrar as diferenças,
Suas falas, suas crenças,
Sua herança regional.

A unidade nacional
Que muito caro custou,
Pelo fator econômico
Aqui se consolidou,
Às custas da opressão,
Política de repressão,
Que ao povo sufocou.

Desta forma se gerou
Discrepância social
Entre as classes dominantes
E as massas em geral;
A distância vergonhosa
Foi herança desonrosa
Do reino de Portugal.

Aqui o poder central
Reprimiu com decisão
Todo e qualquer movimento
Em prol da libertação:
Foram os índios dizimados,
E os negros chacinados,
Sem haver revolução.

Desde a sua ocupação
Foi o Brasil explorado,
E ao ver na sua terra
O pau-brasil derrubado,
Da avidez dos lusitanos,
Sem entender dos seus planos,
Fica o índio admirado.

E ao ser interrogado
Pra dizer se ouro havia,
Viu a ambição do branco,
Coisa que não conhecia;
Depois, mercantilizado,
Em escravo transformado,
Na desdita cairia.

Mas nem sempre resistia
Aquela atração fatal:
Cada nova geração
Queria ver, afinal,
O branco com seus navios,
Utensílios e atavios
Trazidos de Portugal.

Assim a vida tribal
Perdera o encanto e brilho
E atrás das bugigangas
Vieram o pai e o filho;
Ao lado de aventureiros,
Tinham virado flecheiros,
Sem colocar empecilho.

Perdeu o índio seu trilho,
O seu rumo e direção,
A prática do cunhadismo
Fez a transfiguração;
A união com estranhos
Trouxe mais perdas que ganhos,
Difícil incorporação.

Fez o branco a união
Pela troca sexual
Com as mulheres indígenas;
E de forma original,
Do índio fez-se parente,
Impondo àquela gente
Novo viver social.

Dominação cultural
Sobre o índio ele exerceu
E a miscigenação
Dessa forma aconteceu;
Mas por seu discernimento,
No próprio comportamento,
O branco também cedeu.

O mestiço então nasceu
No mais duro estranhamento
Porque em nenhum dos povos
Achou reconhecimento:
Não era índio nem branco
E só a tranco e barranco
Encontrou pertencimento.

O difícil fazimento
Do Brasil assim se deu,
Caldeamento de povos
Que aqui aconteceu;
Enriquecendo a mistura,
O povo de pele escura,
Na história apareceu.

4
— E trouxeram o africano —

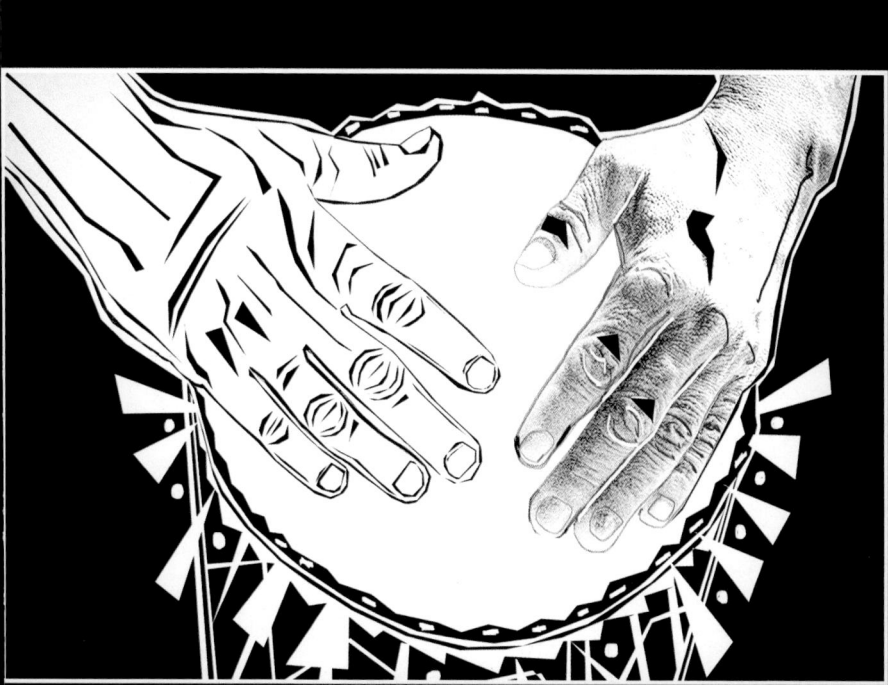

Com o tempo, arrefeceu
O comércio de madeira
Que pouco lucro deixara
Para a gente aventureira;
E assim o cunhadismo
E a ordem do catecismo
Saem da cena brasileira.

E aquela parte inteira
Que o Tratado lhe legou,
El-rei resolveu doar
E alguns nobres chamou:
A terra já tão sofrida,
Violada, desprotegida,
Como um bolo fatiou.

O índio desnorteou-se
E o continente adentrou;
O branco, sem piedade,
Muita mata derrubou
E no litoral vazio,
De braços para o plantio,
O engenho precisou.

Foi assim que começou
Aqui a prática aviltante
Que no velho Portugal
Já corriqueira e constante,
Ia ao Negro Continente
Pra fazer tráfico de gente
Numa prática degradante.

Da forma mais infamante,
O comércio aqui crescia,
Quanto maior a demanda
Mais e mais lucro rendia,
E o contingente africano
Crescia aqui ano a ano,
Mesmo à sua revelia.

Da África a massa saía
De regiões diferentes,
E povoaram o Brasil
Diversificadas gentes,
Que a escravidão agregava
E que aqui se aculturava
Em situações prementes.

Necessidades urgentes,
Como a comunicação,
Os levavam à unidade
De língua e religião,
E com criatividade,
A negra comunidade
Ia virando nação.

Unidos na aflição,
Os negros aqui se acharam,
Vindos do Congo e de Mina,
De Angola aqui chegaram,
Vinham também da Guiné,
Da ilha de São Tomé,
Mesmo assim não se estranharam.

Apesar do que passaram,
Os negros fizeram História,
História de resistência,
Preservação da memória,
E de forma inteligente,
Lutaram por sua gente,
Em situação inglória.

Negro não teve na História
O lugar que mereceu,
Através do seu trabalho
Foi que o País cresceu;
Sua contribuição
Para o fim da escravidão
Com competência ele deu.

E pelo empenho seu,
Foi expulso o invasor,
Patrocínio, Henrique Dias
Foram nomes de valor,
Grande Zumbi de Palmares,
Suas lutas, seus cantares,
Seu martírio e sua dor.

O comovente clamor
Que da senzala saía,
A ternura que a mãe preta
Com o nhonhô repartia,
O seu leite farto e franco,
Que com o filho do branco
De bom grado dividia.

Tudo isso propicia
A beleza dessa raça,
Que no gingado do samba
Esbanja beleza e graça;
Seu dialeto dengoso,
Seu quindim, que, tão gostoso,
Não há no mundo quem faça.

A lealdade sem jaça
Muitas vezes comovia,
Relações de parentesco,
Que com amor construía:
A mão que dava comida,
A cantiga enternecida
Com que o menino dormia.

Herdamos sua alegria
Para tudo celebrar:
O Brasil sem carnaval
Nem dá pra imaginar,
Os folguedos de terreiro,
Procissões de padroeiro,
Foi o negro a nos legar.

Em todo e qualquer lugar
Onde a negritude impera,
Não se vê rosto sisudo,
Nem atitude severa;
É só pensar na Bahia,
Festa, namoro e alegria
Contagiante e sincera!

Com o negro se altera
Nossa miscigenação,
Pois era a beleza negra
Critério de seleção,
Escravas Fulas ou Minas,
Beldades negras, meninas,
Recrutadas sem emoção.

Inevitável união
Com o branco aqui se deu,
Já que escrava doméstica
Era um costume europeu;
Da condição de caseira,
Logo passa a companheira
Do senhor ou filho seu.

Se a negra não escolheu
Esta forma de união,
Até porque, como escrava,
Não teria condição,
Sua afetiva alegria
Ao nosso povo daria
Bela contribuição.

Do engenho ao casarão,
A mistura aqui se dava,
Não era só para o eito
Que a negra se destinava,
Colono sem mulher branca
"Amiga" leal e franca
Na mulher negra encontrava.

E quando aqui começava
A criação pastoril,
Negros afeitos ao trato
Vieram para o Brasil,
Entendidos em metais,
Tecelagem e outros mais,
Em atividades mil.

Assim, de forma sutil,
Foi ganhando intimidade,
A ponto de, se o senhor
Passasse necessidade,
Com seu talento tamanho
Virarem "negros de ganho"
Trabalhando na cidade.

Um passo pra liberdade
O negro já tinha dado,
Uma vez que praticava
Trabalho especializado;
Na social convivência,
Adquiriu consciência,
Tornou-se politizado.

Tendo a luta começado
Em prol da abolição,
Muitos negros se integraram
Com competência e ação,
Lutando em terra ou nos mares,
Dos Malês e de Palmares
Honraram a tradição.

Zumbi não morreu em vão,
A vitória aconteceu.
E não digam que a princesa
A liberdade lhes deu:
Quatro séculos de vivência,
A luta de resistência,
Foi o negro que venceu.

Dona Isabel escreveu,
Mas Patrocínio ditou,
Francisco do Nascimento
O Ceará comandou,
Por conta do seu recado,
Manteve o porto fechado,
O tráfico então se acabou!

A luta não terminou
Como de fato e direito,
Pois o negro ainda hoje
É vítima do preconceito,
A nação não reconhece
Que o povo negro merece
Ser da História sujeito.

Pois tudo que aqui foi feito
Na mão do negro passou,
Mesmo a cultura europeia
Com beleza recriou:
Os valores ancestrais
E os saberes orais,
Que o passado nos legou.

O que do negro ficou
Nunca se pode esquecer
E mesmo a escravidão,
Que tanto lhes fez sofrer,
Deixou marcas da bravura
Do homem de pele escura,
Que soube sobreviver.

Inda se pode hoje ver
Nesse povo amorenado,
Na beleza das mulatas
De cabelo cacheado,
Resquício do africano
Singrando o mar-oceano
Num navio acorrentado...

O que deve ser lembrado,
No entanto, é a alegria
Mesmo que lá da senzala
Se lembre a agonia,
Pra com ternura, sem medo,
Entoar-se o samba-enredo
Num carro de alegoria!

Sem mágoa ou melancolia,
Com todo o contentamento,
Com toda a sinceridade,
Sem sombra de fingimento,
Cabelo encaracolado,
Que o Brasil amorenado
Assuma o pertencimento!

Dizem que o branqueamento
Era o sonho oficial:
E depois de extorquida
A riqueza mineral,
Segue a coroa outros passos
E vai precisar de braços
Pra lida do cafezal.

Então o sonho ideal
Pode ser realizado:
Deixando de lado o negro
Que está recém-libertado,
Trouxeram o italiano:
Branco, rosado, ariano,
Pra ser assalariado.

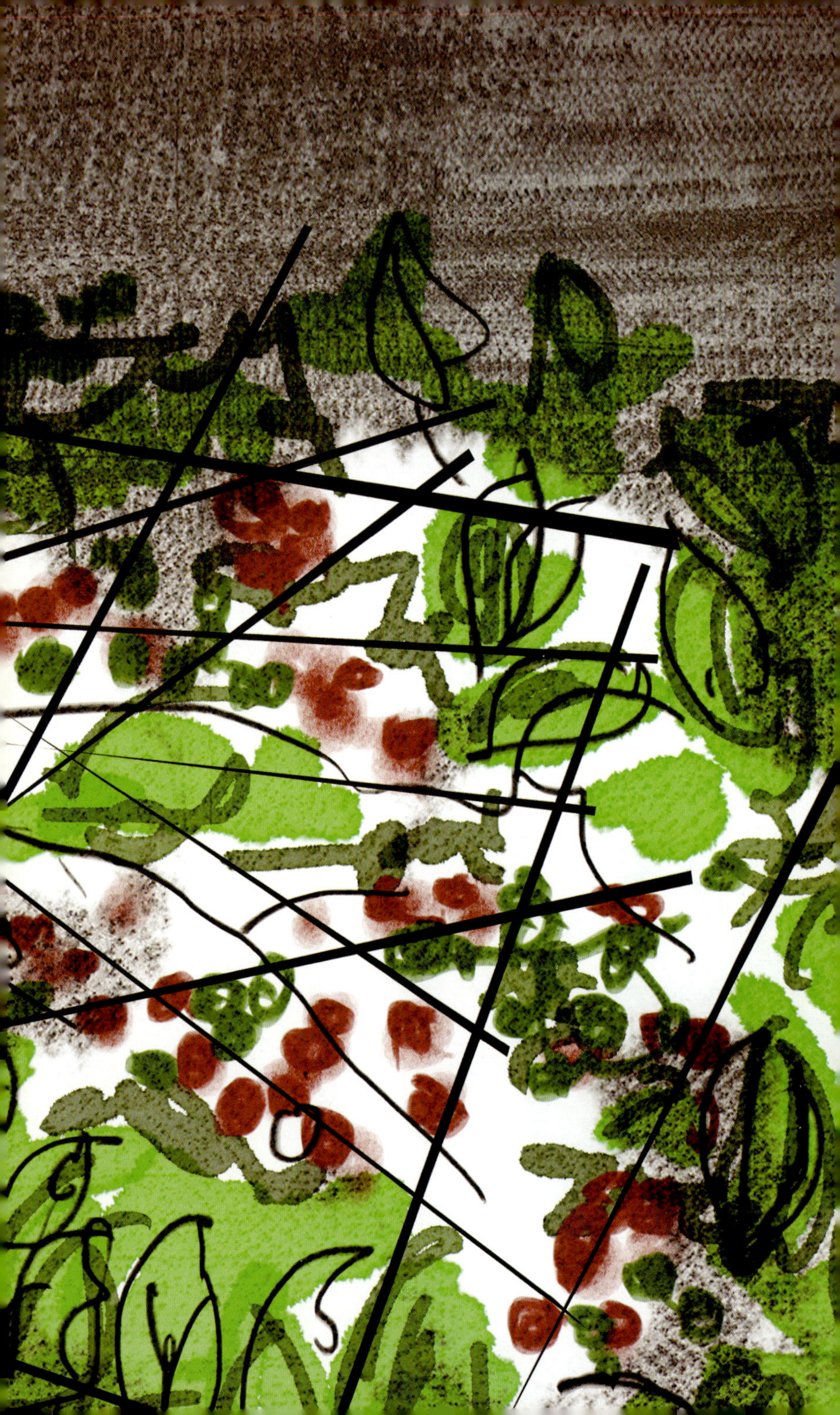

5
— Vieram novos imigrantes! —

O europeu desejado
Tinha nova condição,
Mas ele também sofreu
Muita discriminação;
Foram chegando espanhóis,
Portugueses ex-reinóis,
Foi aumentando a tensão...

Mesmo sendo a imigração
De início estimulada,
Pela Primeira República,
Que a tomou em empreitada,
Foi grande a dificuldade,
Fosse no campo ou cidade,
Pra gente recém-chegada.

Muita colônia isolada
Aqui teve formação,
Por conta do preconceito
De língua e religião,
Enfrentando esses revezes
Chegaram aqui japoneses,
E também o alemão.

Verdadeira inundação
No Sul do Brasil se deu,
O colono do café
São Paulo mais recebeu,
O Paraná adentrou,
Em Santa Catarina entrou,
Pro Rio Grande desceu.

Muita repressão sofreu
O imigrante acuado,
Espanhol ou italiano
De anarquista acusado,
Taxado de comunista,
A polícia em sua pista,
Palmo a palmo esquadrinhado.

Também foi investigado
Cada qual por sua vez,
Durante a Segunda Guerra,
Alemão e japonês;
Sendo o Brasil aliado,
Ao povo discriminado
A perseguição se fez.

Uma relação cortês
Por fim se estabeleceu,
Por conta do imigrante
O país muito cresceu;
Ele que a nossa cultura,
Indústria e agricultura
Grandemente enriqueceu.

Desse modo floresceu
Aqui a diversidade,
Não há na nossa cultura
Uma única identidade:
Sendo diversas raízes,
São diferentes matizes
Na nossa sociedade.

Em busca da unidade,
Muita história aconteceu,
Pois o conflito entre os povos
No Brasil sempre se deu:
Com grupos discriminados,
Outros tantos explorados,
A população cresceu.

Muita gente já nasceu
Conhecendo a exclusão,
Pois durante cinco séculos
As elites da Nação
Da rica diversidade
Fizeram desigualdade
E injusta exploração.

6
— Um mosaico de culturas —

Para ter-se a dimensão
Dessas nossas diferenças,
Observemos o povo,
Os seus hábitos, suas crenças,
Seus folguedos, sua lida,
Indumentária e comida,
Pelas regiões extensas.

Diversidades imensas
Podemos detectar
Por este Brasil afora
De lugar para lugar:
Na fala, na etnia,
Na rica sabedoria,
Que o povo pode ensinar.

6.1. A zona canavieira

Vamos então viajar
Pelos Brasis culturais,
Partir da Zona da Mata,
Dos verdes canaviais,
Da bagaceira do engenho,
Empresa de máximo empenho
Dos tempos coloniais.

Nas relações sociais
Havia polaridade:
O senhor e o escravo
Formavam a dualidade,
A casa grande e a senzala
Eram os extremos da escala
Daquela realidade.

A grande propriedade,
Característica de então,
Tinha como objetivo
Aumentar a produção;
Mais ganhos eram exigidos,
E mais escravos trazidos,
Crescendo a importação.

Assim a escravidão
Chegou a números brutais
E a casa grande tinha
Características feudais:
Senhor e amo temido
Por todos obedecido,
Domínios patriarcais.

E maciços capitais
Em negros foram investidos
E milhões de africanos
Foram para cá trazidos,
Para o eito e a mordomia,
Pra solta poligamia
Dos senhores pervertidos.

No engenho eram produzidos
Açúcar para exportar,
Rapadura e aguardente
Para o povo do lugar,
Também o cacau e o fumo
Viraram bens de consumo
Valia a pena plantar.

Para tudo funcionar,
O latifúndio crescia,
De mais terras pra plantar
O engenho carecia;
Além dos canaviais,
Pastagem para animais
Necessário se fazia.

Ali se abastecia
De tudo a população,
No entorno se plantavam
Milho, mandioca e feijão,
Tinha que ter mata brenha
Para fornecer a lenha
E madeira pra construção.

A especialização
No trabalho era exigida,
Para fabricar açúcar
Carece gente entendida:
Mestres, feitores, oleiros,
Domésticos e carpinteiros
Com tarefas divididas.

As crias ali nascidas,
Que eram escravos também,
Agregados submissos,
Tratados como ninguém,
Eram, aos olhos do senhor,
Simples "peças" ao dispor
Do lucro, seu grande bem.

O fausto que daí vem
É largamente ostentado
Já pelo luxo e conforto,
Na casa do potentado,
Na igreja ou no convento,
Mantendo o clero a contento
Ao seu poder atrelado.

Todo este fausto citado
Pode ser visto hoje em dia,
Nos casarões, nas igrejas
Do Recife e da Bahia;
E o povo negro aviltado,
A cujo braço explorado
Tudo isso se devia!

Porém um brado se ouvia
Na terra, no mar, nos ares,
Sublevando nas senzalas
Anseios, dores, pesares,
E o negro aculturado,
Crioulo abrasileirado
Amotinou-se em Palmares.

No engenho, com seus pares,
A capoeira criou,
É luta de resistência,
Que em dança se disfarçou,
Junto ao *caboclo de lança*
Que faz parte da herança,
Que o engenho nos deixou.

Engenho que despertou
Do holandês a cobiça,
Resultando na invasão
Que ao nativismo atiça,
E faz ver ao estrangeiro
O valor do brasileiro,
Fruto de raça mestiça.

Raça que não foi omissa
Em busca da liberdade,
De Negreiros, de Poti,
De valentes de verdade,
Cuja brava insurreição
Contra o mando e a opressão
Ficou pra posteridade.

Resistência na cidade
Era feita no terreiro,
Nos cultos de mães de santo
Era festa o ano inteiro,
Com candomblé e macumba,
Samba de roda e zabumba,
Lá no Rio de Janeiro.

Nasceu o Brasil festeiro
Do carnaval, da folia,
Do *homem da meia-noite*,
Da *mulher do meio-dia*,
Dos malandros, das mulatas,
Dos blocos de bate-latas
Nas ruelas da Bahia.

Do negro toda alegria
Foi dos grilhões libertada,
Pra traduzir-se no frevo,
No samba e na timbalada,
Que tece a mistura linda,
Pelas ladeiras de Olinda,
Com o *Galo da Madrugada*.

– 6.2. À sombra da floresta –

Continuando a jornada,
Entramos a navegar
Numa canoa de tronco
Nas águas do rio-mar,
Verde em todos os matizes,
Curumins livres, felizes,
Pelas águas a pescar.

E nunca veio a faltar
Na oca a caça abundante,
A floresta lhes fornece
Uma colheita constante:
Palmitos, frutos e mel
E nas cuias a granel
Sobra o *cauim* espumante.

Mas um dia o bandeirante
Chegou para atrapalhar,
Veio de Piratininga
Querendo o índio prear,
Visando lucro indecente,
Foi mais um tráfico de gente
Que se viu neste lugar.

O índio, para escapar,
Fugiu pra mata sombria.
Violaram o paraíso,
Tirando sua alegria;
A ambição desmedida,
Que rouba a paz e a vida,
Por ali começaria.

Quando se estabelecia
A paz naquela nação
E o bandeirante morria
Da febre da ambição,
Nova avalanche haveria,
Eis que se descobriria
Dos seringais o filão.

Assim uma aluvião
Pela floresta adentrou
E o índio mais uma vez
Para a mata recuou
Fugindo daquela gente
Desesperada e demente
Que a chegar continuou.

Muita mata derrubou
A Madeira-Mamoré,
Muita gente pereceu,
Rompendo a floresta a pé,
Topando fera e serpente,
Encarando frente a frente
Sucuri e jacaré.

E do Acre ao Guaporé
Não ficou palmo de chão
E o ciclo da borracha
Virou civilização;
Às custas da natureza,
Manaus ganhou mais beleza,
Em fausto e ostentação.

A onda da ambição
Nunca mais veio a parar,
Inventaram a serra elétrica
Para a mata derrubar;
Nesta cata de riqueza,
O índio e a natureza
Caro vieram a pagar.

E quando se ouviu falar
Do ouro em Serra Pelada,
Nova hecatombe ocorreu,
Corrida desenfreada,
E num movimento espúrio,
Com injeção de mercúrio,
Foi a água envenenada.

Mas como a fênix encantada,
Que das cinzas revivia,
A natureza renasce
Ao raiar de cada dia
E o uirapuru na mata
Convoca uma serenata,
Restaurando a alegria.

Hoje o caboclo ainda cria
Seus búfalos no igapó
E produz bela cerâmica
Na ilha de Marajó;
Incrementando a festança,
Marujada de Bragança
E dança do *Carimbó*.

Às margens do Tapajós,
O *Çairé* de Santarém,
Nas aldeias se celebra
A *pajelança* também,
Num espetáculo de fé,
O *Sírio de Nazaré*
É festejado em Belém.

E de Parintins nos vem
Um folguedo divertido,
Que envolve dois bois famosos:
Caprichoso e *Garantido*,
Numa disputa sem par,
Deixam o povo do lugar
Totalmente dividido.

O imaginário é mantido
Pela forte tradição,
Na crença das divindades,
Do Pará ao Maranhão,
Tudo quanto é *encantado*
É no terreiro louvado
Na batida do "meão".

Ainda se ouve canção,
Em noite de lua cheia,
Vinda da beira do rio,
Que dizem ser de sereia
E tem boto cor-de-rosa
Que seduz moça formosa,
Deixando rastro na areia.

O turista saboreia
O *pato no tucupi*,
O nativo faz coleta
De castanha e açaí,
O rio é o grande roteiro,
A floresta é o celeiro
De quem vive por aqui.

6.3. Na beira do mar

Seguindo o curso do rio,
Chegamos à beira-mar,
Aos "verdes mares bravios"
De que nos fala Alencar,
Onde as ondas a olhos francos
Parecem carneiros brancos
Num verde campo a pastar.

Saindo para pescar,
Vão as jangadas singelas
Numa alegria festiva
Ao colorido das velas,
Sobre ela o jangadeiro,
Bronzeado timoneiro,
Enfrenta as fortes procelas.

Brancas, verdes ou amarelas,
Singrando ao sopro do vento,
Com elas os pescadores
Tiram do mar o sustento;
Os peixes são seu rebanho,
Haja perda haja ganho,
Vão campeando a contento.

O dia transcorre lento
Na casa do pescador,
Ali a mulher rendeira
Tece até o sol se pôr,
Espera que vento brando,
Do mar pra terra soprando,
Traga em paz seu amor.

O vento tem o sabor
Do sal, que é do mar também,
Na praia, todas as cores
Que a diversidade tem:
Chica da Silva e Moema,
Isabel e Iracema,
Tudo que ao Brasil convém.

No ano bom todos vêm
Prestar culto a Iemanjá,
A Virgem dos Navegantes
Num barco também está;
Por conta do sincretismo,
Entram neste simbolismo
A Mãe de Deus e a orixá.

Invoca-se Oxalá
Que é Jesus Cristo também,
No mar se jogam presentes,
Um pedido todos têm:
"Uma boa pescaria",
"Casamento pra Maria",
"Palacete pra meu bem".

— 6.4. O grande sertão —

Chegando ao Piauí,
Adentremos o sertão,
Onde a criação de gado
Virou civilização,
E o corajoso vaqueiro,
Com seu cavalo ligeiro,
Promoveu a expansão.

Em cada nova incursão,
Mais um curral se erguia
E às margens do Velho Chico,
Mais uma vila nascia.
Enquanto o homem encourado
Ia tangendo o seu gado,
A população crescia.

De couro o homem fazia
Tudo quanto precisava:
De couro, a porta da casa,
O banco em que se sentava,
A roupa de entrar no mato,
Sela, correias, sapato
E a cama em que se deitava.

A mochila em que milhava
O cavalo, o grande bem,
A bainha para a faca,
A bolsa para o vintém,
Os surrões da sua lida,
Os alforjes da comida
Eram de couro também.

O sertanejo detém
A fama de destemido,
A caatinga é o seu berço,
Berço de povo sofrido,
Pela seca flagelado,
Pelos ricos explorado,
Pela nação esquecido.

Um dia foi oprimido
Do latifúndio refém,
Foi cabra de coronel,
Pau-mandado, João-ninguém;
Depois virou justiceiro,
Jagunço de Conselheiro
E cangaceiro também.

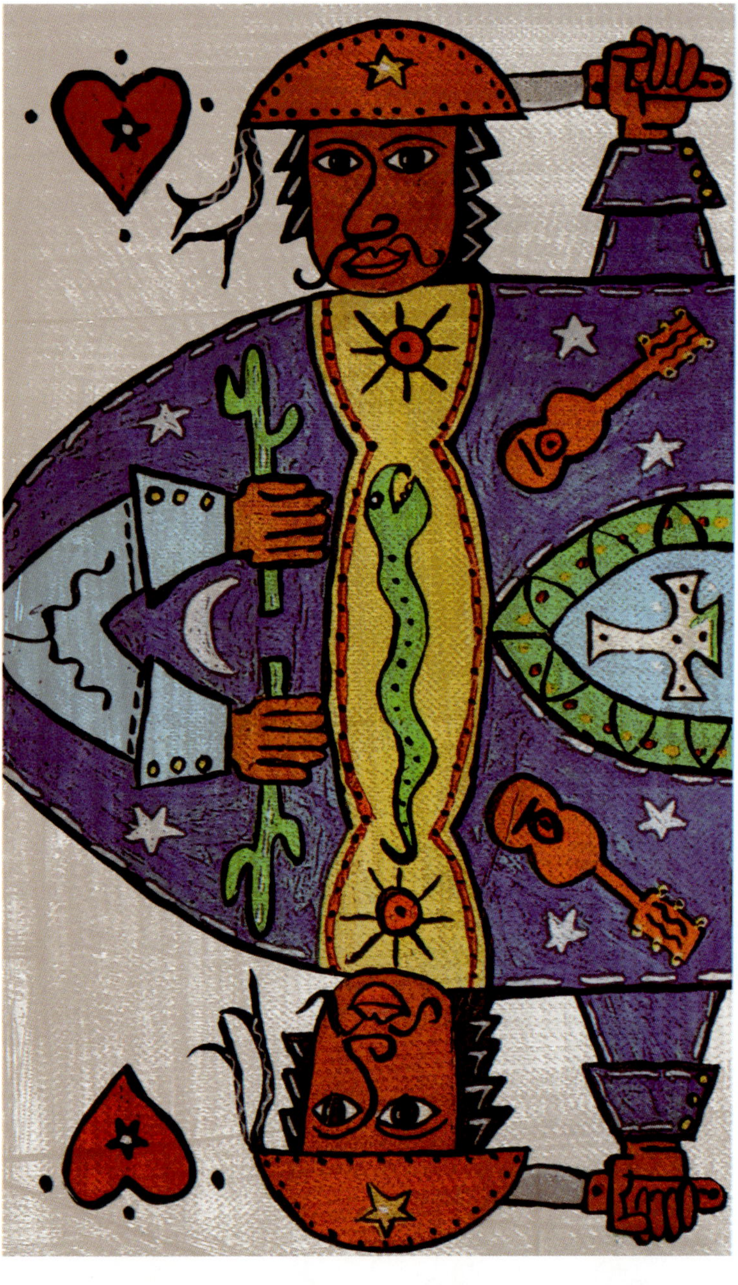

Crendo que do alto vem
A justiça e a salvação,
Foi escutar os conselhos
Do Padre Cícero Romão,
Defendeu o Juazeiro,
Virou devoto romeiro
Beato do Caldeirão.

Plantou roça de algodão,
Cortou cana no agreste,
Foi mão de obra barata
Para as fábricas do Sudeste,
Na diáspora nordestina,
Migrou pra cumprir a sina
Muito cabra bom da peste.

Mas o sertão se reveste
De alegre animação,
Quando chega o mês de junho
Nos festejos de São João;
Tem quadrilha, tem bandeira,
Milho assado na fogueira,
Roda de adivinhação.

Tem música de Gonzagão
Zabumba, pífano e pandeiro,
No bom forró pé de serra,
Nos brincantes de terreiro,
Numa sala de reboco,
Xaxado, baião e coco
Ou roda de cirandeiro.

E durante o ano inteiro,
A alegria é geral,
Nos cortejos de reisado,
No samba e no carnaval;
Procissão e ladainhas,
Nos pastoris e lapinhas
Dos festejos de Natal.

A riqueza cultural
Que o sertanejo detém
Vem da grandeza da alma,
Do ambiente também:
Das noites enluaradas,
Das lutas encarniçadas
Que viveu como ninguém.

79

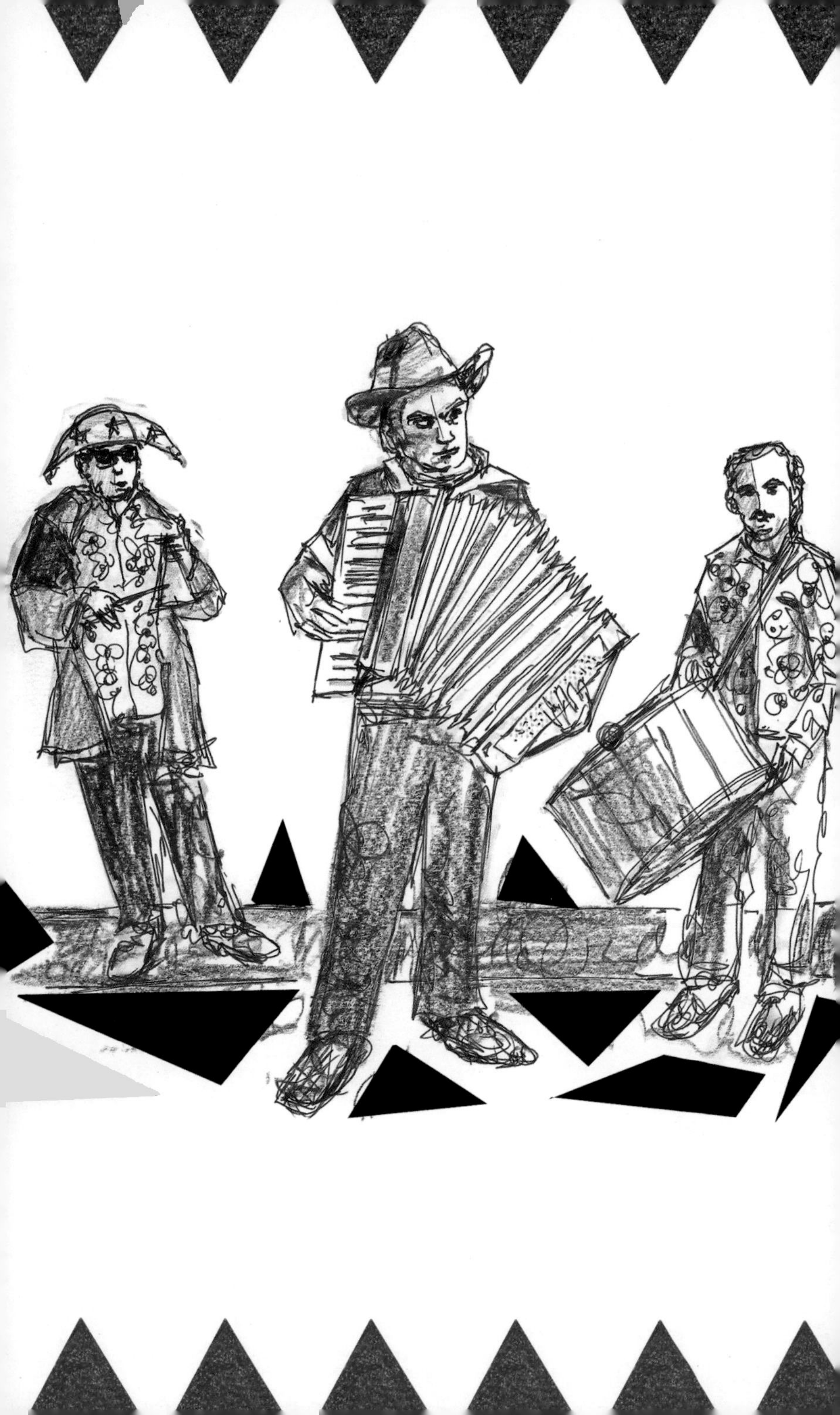

Expressão artesanal
De rica variedade,
Em palha, couro e madeira,
Vai pra feira na cidade;
Cordel de Mestre Ugolino,
Cerâmica de Vitalino
Que virou celebridade.

Se você quer, na verdade,
Conhecer bem o sertão,
Tem que provar da comida
Que é típica da região:
Do mungunzá com paçoca,
Torresmo com tapioca,
Bucho de bode e baião.

6.5. Bandeirantes e caipiras

Descambando o chapadão,
Chega-se ao Brasil trigueiro,
Brasil de Piratininga,
Sertanista aventureiro,
Caça ao índio e ao tesouro,
Diamante, prata e ouro,
Brasil goiano e mineiro.

O cerradão brasileiro
Foi palmo a palmo explorado,
Foram as missões saqueadas,
Foi o índio escravizado
E, refém do mameluco,
Vendido pra Pernambuco,
Para o trabalho pesado.

Muito ouro foi achado
Pelo audaz bandeirante,
Atraindo à região
A multidão delirante
Que enfrentou desafios,
Catando ouro nos rios,
Descobrindo diamante.

Essa pedra faiscante
Muita ambição despertou,
A coroa portuguesa
Grande aparato instalou
Para lucrar com o achado,
E o povo assim explorado
A revolta começou.

Muita opressão resultou
E muito fausto também,
Muito ouro nas igrejas
Até hoje ainda tem.
Em Minas, a Inconfidência
Vai formando a consciência
Que a uma nação convém.

Pra região todos vêm
Com ambição de riqueza.
Surgiram várias cidades
Com requintes de nobreza,
Mas o ouro logo acaba
E o caipira então desaba
Numa chocante pobreza.

A população burguesa
Fugiu para o interior.
Em Goiás e Mato Grosso,
O caipira criador
De gado, porco e galinha,
Ergueu a sua casinha
E tornou-se agricultor.

O pequeno produtor
Tinha vida sossegada,
Longe dos centros urbanos,
Aquela alegre moçada
Cantava e fazia festa,
Promovia uma seresta,
Fazia a sua caçada.

Um dia viu a chegada
Do plantador de café;
A terra foi ocupada,
Em cada palmo era um pé,
O caipira escorraçado,
Da terra desalojado,
Perdeu o prumo e a fé.

Mandaram buscar até
Colonos no estrangeiro,
Além do escravo negro
Comprado por bom dinheiro,
Da partilha da injustiça
Movida pela cobiça
Ficou de fora o granjeiro.

Nosso caipira festeiro
Ao novo não se adaptou,
Espremido no seu canto,
Agregado se tornou;
Ou deixando o seu roçado,
Virou tangedor de gado
E a estrada ganhou.

O caipira conservou,
No entanto, sua alegria,
Pegou na sua viola,
Fez a sua cantoria,
E num aboio vibrante,
Foi tocando o seu berrante
Em mais uma travessia.

Dançando com maestria
O fandango e a rancheira,
Ensaiando o Moçambique,
Dança afro-brasileira,
Cantando um verso contrito,
Em honra a São Benedito,
Vão beijar sua bandeira.

O Sudeste na esteira
Da industrialização,
Virou mescla de culturas
E de miscigenação;
Europeus e nordestinos,
Orientais e sulinos,
Formando um só caldeirão.

— 6.6. O grande Pantanal —

Entramos em Mato Grosso,
Chegamos ao Pantanal,
Onde o rio São Lourenço
Faz um grande lamaçal,
Que serve para a morada
Da mais bela bicharada,
Da fauna nacional.

Tem a ave original
Chamada de tuiuiú,
Nos rios temos dourado,
Pirapitinga e jaú,
Mas também tem a piranha
E tem a ágil ariranha,
Que pesca o incauto pacu.

No cerrado o caititu,
Guará e onça pintada,
Tem tamanduá-bandeira,
Macaco-prego e queixada;
Já o veado-campeiro
E o cervo pantaneiro
Gostam de mata fechada.

O rio é a morada
Da temível sucuri,
O jacaré pantaneiro
Também vive por ali,
É onde mora a jiboia,
A cobra d'água que boia,
E o manso jabuti.

Mas também se cria aqui
Rebanho de grande porte,
Porque tem ricas pastagens,
Próprias pro gado de corte,
E para o peão boiadeiro,
O cavalo pantaneiro
Ainda é o transporte.

Também servem de suporte
Na lida do dia a dia
As chalanas, que dos rios
Fazem a longa travessia,
E de forma útil e bela
Transitam pra currutela,
Trazendo mercadoria.

E de noite a cantoria
Ainda é diversão
Numa roda de viola
E conversa de peão;

– 6.7. Ao sabor do chimarrão –

Em mais uma incursão
Pelos Brasis culturais,
Transpomos o Paraná,
Suas matas de pinhais,
Vemos os pampas além,
Onde o gado de ninguém
Pastava sem ter currais.

Naqueles campos gerais
Viveu a tribo Charrua,
Com o vizinho Minuano
Numa terra que era sua,
Longe de tudo e de todos,
Sem mazelas, sem engodos,
Passava lua e mais lua.

Mas a realidade crua
O indígena ali viveu
Com a conquista da terra
Pelo intruso europeu;
Foi na missão confinado,
Sendo ali desculturado,
A identidade perdeu.

Na missão ele aprendeu,
Junto com a língua geral,
Latim, ourivesaria
E o trabalho manual;
Também a cuidar do gado
E o valor do bem privado
Que para o índio era um mal.

O comércio regional
Pelas missões praticado
Despertou logo a cobiça
Do bandeirante assanhado,
Que sobre elas avançou
E facilmente preou
O índio disciplinado.

Para ser escravizado
Foi aos engenhos vendido;
Foram as missões restauradas,
Índio outra vez atraído,
Por conta da ambição,
O jesuíta em missão,
Duramente perseguido.

Mais uma vez apreendidos
Pelo rico fazendeiro,
O índio e seus descendentes
Serviram ao estancieiro;
Dessa forma surgiria,
Pra cuidar da vacaria,
O gaúcho pioneiro.

Os jesuítas, primeiro
Alvo daquela ambição,
Foram expulsos da colônia
E arrasada a missão;
O seu rebanho de gado,
Nos campos abandonado,
Exposto à apreensão.

De couro a exportação
Virou negócio rendoso,
Para arrebanhar o gado,
O caudilho ambicioso
Fez do mestiço um escravo,
Pra cuidar do gado bravo,
Ofício laborioso.

Surge o gaúcho pomposo,
Que é fruto da mestiçagem
Do mameluco paulista
Que vinha a esta paragem,
Com a matriz guarani
Que corria por aqui,
Senhora desta paisagem.

Usando bela roupagem,
Com poncho e boleadeiras,
Laços de caça e rodeio,
Esporas, faca e ponteira,
A tralha de montaria,
A candeia que alumia,
A guaiaca na algibeira.

À etnia brasileira
Assim se incorporou,
Nas correrias sulinas
Valoroso se mostrou;
Sendo a estância a trincheira,
Foi guardião da fronteira,
Que a pátria lhe confiou.

Mais tarde o negro chegou
Pra servir na charqueada,
Depois veio o imigrante,
Que de forma planejada,
Na terra que desbravou
Novas culturas plantou,
Tornando-a valorizada.

A nova gente chegada
Deu a contribuição;
Hoje, de forma integrada,
O vinho e o chimarrão
Convivem em harmonia,
Partilham a mesma alegria
Gringo e gaúcho peão.

E à noite no galpão
Ao sopro do minuano,
O gaúcho puxa o fole,
Pois nisso ele é veterano,
Faça frio, sol ou chuva,
Na serra, a festa da uva
Tem um toque italiano.

Vem do povo açoriano
Do Divino a devoção
E na colônia africana
O negro faz procissão
À Virgem dos Navegantes,
Cantando ao som dos berrantes
Numa bela integração.

A grande aculturação
Aqui é pública e notória,
Do Contestado aos Farrapos
O povo fez sua história
Em busca de identidade,
A rica diversidade
É legado de memória.

7
— Concluindo —

Nessa saga da história
Que foi o seu achamento,
Que o navegante europeu
Chamou de descobrimento,
O Brasil se debateu,
E o índio, o que muito sofreu,
Passou por grande tormento.

Do povo negro o lamento
Ouviu-se pouco depois,
E foi grande o sofrimento
Por que passaram esses dois;
O português do seu lado,
Sentindo-se desterrado,
A mesma orquestra compôs.

E as armas também depôs
Com a conquista consumada,
Povos de todos os cantos
Chegam aqui numa enxurrada,
Hoje a gente brasileira,
Diversa, alegre e festeira,
Uma só na pátria amada.

— Bibliografia —

ANDRADE, Osvald. *A Utopia Antropofágica*. São Paulo: Global, 1995.

ALENCAR, Nezite. *Cordel das Festas e Danças Populares*. São Paulo: Paulus, 2011.

BARROS, José Márcio (org.). *Diversidade Cultural — Da proteção à promoção*. Belo Horizonte: Autêntica Editora, 2008.

FREYRE, Gilberto. *Casa Grande & Senzala — formação da família brasileira sob o regime da economia patriarcal*. 49ª edição. São Paulo: Global, 2004.

HOLANDA, Sérgio Buarque de. *Raízes do Brasil*. 26ª edição. São Paulo: Companhia das Letras, 1995.

LAPLANTINE, François. *A Mestiçagem*. Lisboa: Instituto Piaget, s/d.

MINISTÉRIO DA EDUCAÇÃO. Secretaria de Educação Média e Tecnológica. Programa: Diversidade na Universidade, Diretoria de Ensino Médio. *Diversidade na Educação – Reflexões e Experiências.* Brasília (DF): MEC, 2003.

MINISTÉRIO DA CULTURA. Secretaria da Identidade e da Diversidade Cultural. *I Encontro Sul Americano das Culturas Populares* e *II Seminário Nacional de Políticas Públicas para as Culturas Populares.* São Paulo: Instituto Polis; Brasília (DF): MinC, 2007.

PINHEIRO, Amalio. *O Meio e a Mestiçagem.* São Paulo: Estação das Letras e Cores, 2009.

RIBEIRO, Darcy. *O Povo Brasileiro — a formação e o sentido do Brasil.* 11ª reimpressão. São Paulo: Companhia das Letras, 2006.

ROSA, João Guimarães. *Grande Sertão: veredas.* 19ª edição. Rio de Janeiro: Nova Fronteira, 2001.

— Artigos e textos —

AKKARI, Abdeljalil. "A questão da Diversidade Cultural no contexto educacional brasileiro". In: *Revista Educação em Questão*, n. 24, p. 38, Natal, maio/agosto 2010.

ARRUTI, José Maurício Andrion. *A Narrativa do Fazimento*. Baseado em Darcy Ribeiro, *O Povo Brasileiro — A formação e o sentido do Brasil*. Rio de Janeiro: UFRJ, 1995.

BACCEGA, Maria Aparecida. "*O estereótipo e as Diversidades*". Revista *Comunicação & Educação*. São Paulo: ECA, USP.

CASTRO, Eduardo Viveiros de. '*No Brasil todo mundo é índio, exceto quem não é*'. Publicado originalmente em "*Povos Indígenas do Brasil: 2001-2005*". Beto e Fany Ribeiro, ISA, 2006.

FERNANDES, José Ricardo Oriá. *Ensino de História e Diversidade Cultural: desafios e possibilidades*. São Paulo: USP, 2005.

GARMES, Hélder. *O pensamento mestiço e uma poética da mestiçagem*. São Paulo: USP, s/d.

GIL, Antonio Carlos Amador. *Resenha de O Pensamento Mestiço*, de GRUZINSKI, Serge. Vitória: UFES, 2002.

GOMES, Nilma Lino. *Educação e Diversidade Cultural – refletindo sobre as diferentes presenças na escola*. Belo Horizonte: UFMG, 1999.

KERN, Daniela. *O Conceito de Hibridismo ontem e hoje: ruptura e contato*. Porto Alegre: PUC-RS, 2004.

OLIVEIRA, Marlon Anderson de. *Os efeitos da colonização na construção da identidade do povo nordestino*. Recife: Universidade Católica de Pernambuco, 2005.